Holl Anifeiliaid y Goedwig

© Cyhoeddiadau Sain

Cyhoeddwyd gyda chymorth ariannol
Cyngor Llyfrau Cymru

Argraffiad cyntaf: Ionawr 2016

Mae'r llyfr hwn yn seiliedig ar yr albwm
Holl Anifeiliaid y Goedwig, Plu,
Sain SCD2716, 2014

Stori: Dafydd Iwan

Golygydd y gerddoriaeth: Gwenan Gibbard

Darluniau: Yvonne Amor

ISBN 978-1-910594-34-6

cyhoeddiadau**SAIN**

CANOLFAN SAIN, LLANDWROG, CAERNARFON, GWYNEDD LL54 5TG
ffôn/tel +44 (0) 1286 831.111   ffacs/fax +44 (0) 1286 831.497
www.sainwales.com   cyhoeddiadau@sainwales.com

Plu

Holl Anifeiliaid y Goedwig

Helo na! Plu ydan ni, Elan, Marged a Gwilym,
a'n ffrindiau ni ydi'r anifeiliaid – y rhai mawr a'r rhai bach,
y rhai trwm a'r rhai ysgafn, y rhai cyflym a'r rhai ara' bach
– pob math o anifeiliaid, o bob lliw a llun.

Beth am ichi ddod am dro
efo ni i gwrdd â'n ffrindiau?
A wyddoch chi beth?
Un teulu mawr ydan ni!
Ia, y mwnci bach doniol,
y mochyn pinc, y pili-pala
a'r crocodeil – un teulu mawr.

Wyt ti'n un o'n teulu ni?

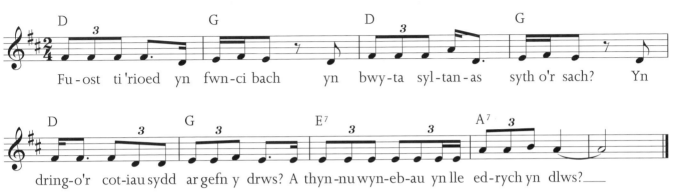

Fu-ost ti 'rioed yn fwn-ci bach yn bwy-ta syl-tan-as syth o'r sach? Yn dring-o'r cot-iau sydd ar gefn y drws? A thyn-nu wyn-eb-au yn lle ed-rych yn dlws?

Fuost ti 'rioed yn fochyn pinc
Yn gwichian wrth gael dy folchi mewn sinc?
Yn rowlio mewn mwd yn dy ddillad glân?
A gorwedd yn noeth o flaen y tân?

Fuost ti 'rioed yn bili-pala
Yn dawnsio'n yr haul ar y goeden 'fala'?
Yn gwisgo blodau a throi'r byd yn ardd?
A sibrwd wrth rosyn ei fod o yn fardd?

Fuost ti 'rioed yn grocodeil
Yn taeru bod broga'n gwneud cinio gwerth chweil?
Yn gorwedd mewn bath yn fybls at dy ên?
A dangos dy ddannedd ar bobl glên?

Os na fuost ti'n grocodeil, yn bili-pala chwaith,
Na mochyn, na mwnci ar dy daith,
Yna, fy ffrind, mae'n ddrwg gen i,
Dwyt ti ddim yn perthyn i'n teulu ni.

Elan ydw i, ac mae gen i un ffrind arbennig iawn, sef Taran y gaseg ddu.
Dwi wrth fy modd yn mynd ar garlam ar gefn Taran i fyny'r mynydd,
draw at y llyn, dros y nentydd a'r caeau, ac i lawr at y traeth.
O ia, carlamu dros y tywod aur ar y traeth ydi hoff beth Taran a minnau.

Ar garlam

i ni nes - au___ at y môr...___

Dros fryniau a mynyddoedd,
Trwy afonydd mawr a nentydd,
Fel y gwynt hyd lan y llyn,
Dwi'n gafael yn ei mwng hi'n dynn,
Wrth i Taran fynd â fi ar garlam, ar garlam.

Yn y pellter dwi'n gweld tonnau,
O! Mor las a disglair yn y golau,
Mae Taran nawr yn mynd fel saeth,
Ei hoff le hi yw y traeth,
Carnau trwm dros dywod aur ar garlam, ar garlam.

Ar garlam heb ddim ofnau,
Awel ffres y môr yn ein ffroenau,
Mae 'nghaseg ddof wrth ei bodd,
Yn glychu'i charnau yn y môr,
Hwyl a sbri gyda 'nghaseg ddu ar garlam, ar garlam.

Ddim ymhell o'r traeth
mae caeau gwyrdd y ddôl fawr yn ymestyn
mor bell ag y gellwch weld bron iawn.
Mae pob math o anifeiliaid i'w gweld
ar y ddôl yma – yr ŵyn bach yn rasio
a neidio yn y gwanwyn, y gwartheg
yn pori yn yr haf, a'r cwningod yn chwarae
mig ym mhob tywydd. A bob hyn a hyn,
mae yna ymwelydd go arbennig
yn dod i'r ddôl … shht!
Dacw fo, yn cysgu draw fancw!

Llwynog coch sy'n cysgu

Llwyn - og coch sy'n cys - gu, llwyn - og coch sy'n cys - gu,

llwyn - og coch sy'n cys - gu ar y ddôl.

Llwynog sy'n breuddwydio,
Llwynog sy'n breuddwydio,
Llwynog sy'n breuddwydio
Ar y ddôl.

Pwy sy'n mynd i'w weled?
Pwy sy'n mynd i'w weled?
Pwy sy'n mynd i'w weled
Ar y ddôl?

Llygaid coch sy'n agor,
Llygaid coch sy'n agor,
Llygaid coch sy'n agor
Ar y ddôl.

Llwynog coch sy'n deffro,
Llwynog coch sy'n deffro,
Llwynog coch sy'n deffro
Ar y ddôl.

Llwynog coch sy'n crwydro,
Llwynog coch sy'n crwydro,
Llwynog coch sy'n crwydro
Ar y ddôl.

Llwynog wedi blino,
Llwynog wedi blino,
Llwynog wedi blino
Ar y ddôl.

Ar ein ffordd o ddôl y llwynog coch,
beth welwn ni draw fan'cw ar frig to'r tŷ
ond yr hen frân fawr ddu sydd i'w chlywed yn
crawcian dros y lle pan fydd hwyliau drwg arni.
Mae gynnon ni gân fach ddoniol am yr hen
frân, sy'n sôn hefyd am y chwannen fawr ddu,
a'r iâr fach ddel bob lliw.

Hen frân fawr ddu

Hen frân fawr ddu____ ar frig y to yn can - u

bas,____ ho, ho, ho, ho. Mi god - ais

law____ at - i hi ond

cod - odd ei chwt chwt chwt ac i ffwrdd â hi.

Hen chwannen fawr yn ddu fel glo
Yn pigo dyn nes mynd o'i go',
Mi godais fy nghap i'w dala hi
Ond cododd ei chwt chwt chwt
Ac i ffwrdd â hi.

Hen iâr fach ddel yw'n iâr fach ni
Un pinc a melyn a choch a du,
Fe aeth i'r berth i ddodwy ŵy
Ond cododd ei chwt chwt chwt
Ac i ffwrdd â hi.

Triawd y buarth

Fe glyw-soch en-wog-ion sawl tro___ ar y rad-io yn can-u i chi,___ Ond chlyw-soch chi 'rioed, waeth faint fydd- o'ch oed, rai han-ner mor ddaw-nus â ni.___ Mw mw, me me, cwac cwac, y ni yd-yw tri-awd y bu-arth,___ Mw mw, me me, cwac cwac, gwran-dewch ar dri-awd y bu-arth.___

Dydd priodas y ceiliog a'r iâr,
Aeth y ddau yn y ferfa am reid
Tra roeddem ni'n tri wrth dalcen y tŷ
Yn canu 'now here comes the bride'.

Pan ddaw'r gaseg winau o'r sioe
'Rôl ennill y gwobrau i gyd,
Fe'n clywir ni'n tri'n rhoi croeso iddi hi
A chanu ei chlodydd drwy'r byd.

A phan fyddo'r ffarmwr yn flin
A'r gwair wedi socian mewn glaw,
Wrth glywed ein tonc, aiff yntau yn sionc
Pan ganwn yng nghanol y baw.

Os ddowch chi i fuarth y Fron
Cewch gyngerdd gwerth chweil gennym ni,
A dyna'i chi pam y daethom bob cam
I ganu yn eich tŷ chi.

Ddim ymhell o'n tŷ ni mae fferm Pen-y-bryn,
ac mi fyddwn ni wrth ein bodda' yn mynd yno am dro
oherwydd mae rhywbeth difyr i'w weld yno bob amser.
Ac ar fuarth y fferm, os byddwn ni'n lwcus,
mi gawn ni gyfarfod â thri o gymeriadau mawr Pen-y-bryn:
y fuwch, y ddafad, a'r hwyaden,
neu fel maen nhw'n hoffi galw'u hunain, Triawd y Buarth!

Roedden ni'n dweud yn gynharach
bod yr holl anifeiliaid yn ffrindiau i ni –
y rhai mawr a'r rhai bach.
Wel, pan aethon ni ar drip unwaith i'r sŵ,
fe welson ni un o'r anifeiliaid mwyaf un –
ia, dach chi'n iawn, yr eliffant mawr!
Ac efo fo roedd un o'r creaduriaid lleiaf un,
y pry bach bach.
Dyma ichi beth ddigwyddodd.

Y pry bach a'r eliffant mawr

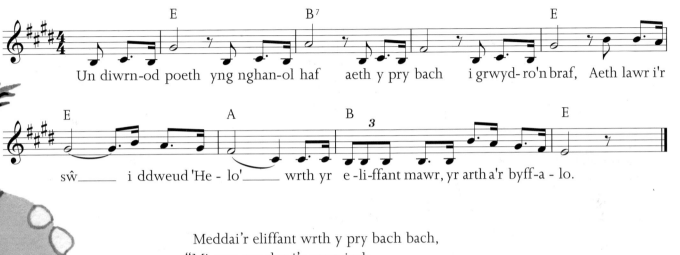

Un diwrn-od poeth yng nghan-ol haf aeth y pry bach i grwyd-ro'n braf, Aeth lawr i'r

sŵ_____ i ddweud 'He - lo'_____ wrth yr e -li-ffant mawr, yr arth a'r byff-a - lo.

Meddai'r eliffant wrth y pry bach bach,
"Mi awn am dro i'r awyr iach,
Cei reid am ddim ar dop fy mhen,
Cawn weld y crocodeil a'r arth fawr wen."

Aeth y pry bach a'r eliffant mawr
O gylch y sŵ am fwy nag awr,
Ond wrth y llyn yng nghanol stŵr
Fe stopiodd yr eliffant mawr am ddiod o ddŵr.

Fe roes ei drwnc i mewn i'r llyn
A'r pry bach bach yn sbio'n syn,
Yn sydyn iawn fe gafodd fraw,
Daeth y dŵr am ei ben fel cawod oer o law.

Cân Melangell

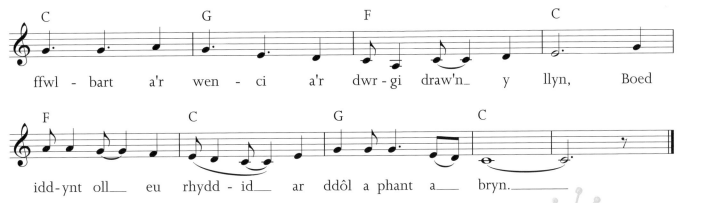

ffwl - bart a'r wen - ci a'r dwr - gi draw'n_ y llyn, Boed

idd - ynt oll_ eu rhydd - id_ ar ddôl a phant a_ bryn._

Mae harddwch creadur tu hwnt i bob rhyw werth,
Yn nef ei gynefin mewn ffos a chlawdd a pherth,
Na foed i'r un dyffryn na bryncyn guddio brad,
Na amddifad greadur o'i loches yn ei wlad.

Diogelwn a chadwn rhag llygredd a rhag llid
Y bywyd naturiol sydd heddiw'n harddu'n byd,
Boed afon a choedwig heb wenwyn a heb wae,
Anifail heb ofid ei erlid fel rhyw brae.

Mi rydan ni yng Nghymru yn ffodus iawn, a wyddoch chi pam?
Wel, am fod gynnon ni Santes arbennig i edrych ar ôl yr holl anifeiliaid.
Ei henw ydi Melangell, ac os ewch chi i Gwm Pennant Melangell rywbryd,
fe gewch weld lle'r oedd Melangell yn byw. Mae o'n gwm prydferth iawn,
ac yn llawn o anifeiliaid o bob math. Dyma i chi hanes Melangell ar gân.

Poli Parot Taid

Mi fyddwn ni'n tri yn hoffi galw
i weld Taid a Nain bob hyn a hyn,
ac mi rannwn ni gyfrinach fach efo chi –
un rheswm da dros fynd i dŷ Taid a Nain
yw am fod gan Taid Boli Parot.
Poli ydi ei enw fo, ac mi fydd yn siarad
yn ddi-baid – ac mae o'n medru
chwibanu hefyd!
Bydd Nain yn gwylltio efo fo,
ond bydd Taid yn chwerthin lond ei fol.

Fe ddaeth y postman heibio
　　　un diwrnod ar ei dro,
A Poli'n clebran beunydd
　　　"Helo'r hen foi, helo,"
Aeth gwyneb Nain fel betys
　　　gan ddechrau deud y drefn,
Ond Taid a'r postman wrth eu bodd
　　　yn chwerthin am ei phen.

Mae Poli yn chwibanu
　　　i lawr at Nel y ci,
A Nel yn syllu'i fyny
　　　yn ddryslyd ati hi,
Dwi'n siŵr fod Nain 'di laru
　　　ar y synnau dwl, di-baid,
Wel 'na chi dderyn swnllyd
　　　yw Poli Parot Taid.

Mam wnaeth gôt i mi

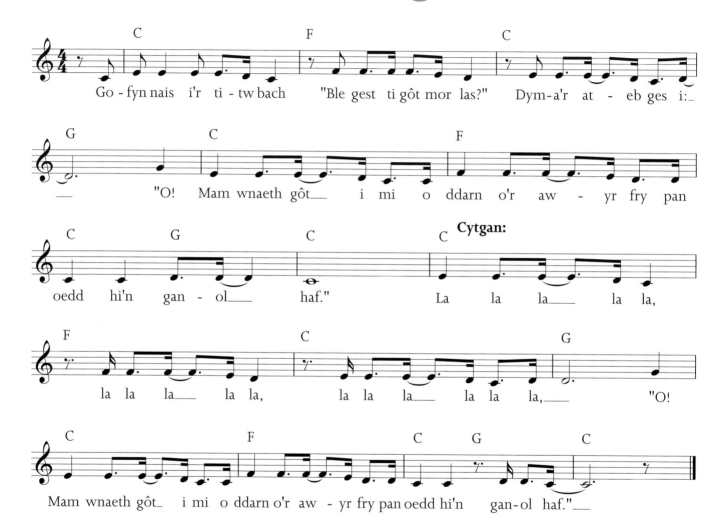

Mae'r tri ohonon ni yn hoff iawn o adar o bob math, ac mi fyddwn ni'n rhoi bwyd a dŵr iddyn nhw yn yr ardd: cnau, hadau, briwsion a braster yn y gaea. Maen nhw'n werth eu gweld yn dod yn eu tro i fwyta'r bwyd yma, yn enwedig y titw tomos las a'r titw mawr, y deryn to a'r robin bach a'i fron goch. Rydan ni'n hoff iawn o'r deryn du hefyd, yr un efo pîg felen, a dyma'r gân y byddwn ni'n ei chanu am yr adar yma i gyd.

Gofynnais i'r deryn to
Ble ddaeth ei gôt fach o?
Dyma'r ateb ges i:
"O! Mam naeth gôt i mi
O ddarn o'r awyr fry
Pan oedd hi'n bwrw glaw."

Gofynnais i'r deryn du
Ble gest ti liw dy blu?
Dyma'r ateb ges i:
"O! Mam wnaeth gôt i mi
O ddarn o'r awyr fry
Pan oedd hi'n ganol nos."

Gofynnais i'r robin goch
Ble gest ti gôt mor goch?
Dyma'r ateb ges i:
"O! Mam wnaeth gôt i mi
O ddarn o'r awyr fry
Pan oedd hi'n fachlud haul."

Fe alwyd y fferm yn Fferm Pen-y-bryn am ei bod hi
ar ben bryncyn bach, a'r tu ôl iddi mae bryn arall sy'n fwy o faint,
ac ar y bryn hwnnw mae yna sgwarnog yn pori weithiau.
Os digwydd i filgi fferm Pen-y-bryn ei gweld hi, wel, mi fydd yma le!
Mae'r gân yma'n dweud yr hanes i gyd wrthach chi.

Milgi, milgi

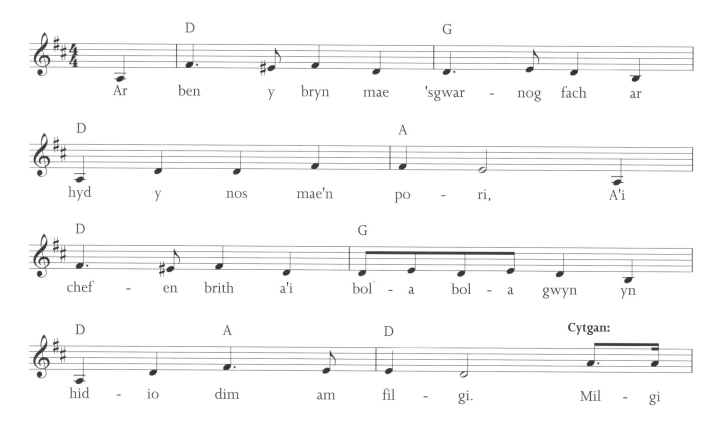

Ar ben y bryn mae 'sgwar - nog fach ar

hyd y nos mae'n po - ri, A'i

chef - en brith a'i bol - a bol - a gwyn yn

hid - io dim am fil - gi. **Cytgan:** Mil - gi

Ac wedi rhedeg tipyn tipyn bach, mae'n rhedeg mor ofnadwy,
Ac un glust lan a'r llall i lawr yn dweud ffarwél i'r milgi.

'Rôl rhedeg sbel mae'r milgi chwim yn teimlo'i fod o'n blino
A dyna fo yn swp yn swp ar lawr mewn poenau mawr yn gwingo.

Ond dal i fynd wna'r 'sgwarnog fach a throi yn ôl i wenu,
Gan sboncio'n heini dros y bryn yn dweud ffarwél i'r milgi.

Mi fyddwn ni'n cael hwyl yn gwylio'r moch yn twrio yn y cae o dan ffermdy Pen-y-Bryn, ac yn gwneud y llanast rhyfedda'. Maen nhw wrth eu bodda' ynghanol y mwd a'r llaid, ond maen nhw'n greaduriaid ffeind iawn dim ond iddyn nhw gael llonydd. A dweud y gwir, maen nhw'n anifeiliaid digon hapus eu byd. Ond dydi hanes y tri mochyn bach yn y gân nesaf yma ddim mor hapus.

Tri mochyn bach

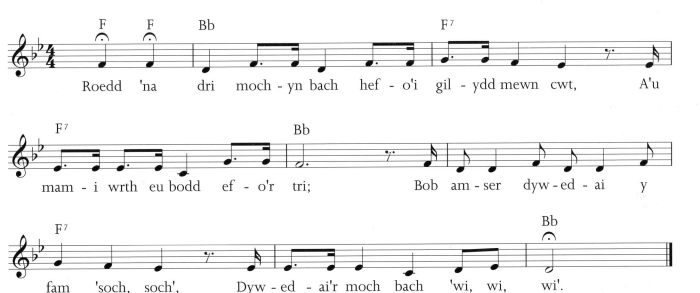

Roedd 'na dri moch - yn bach hef - o'i gil - ydd mewn cwt, A'u
mam - i wrth eu bodd ef - o'r tri; Bob am - ser dyw - ed - ai y
fam 'soch, soch', Dyw - ed - ai'r moch bach 'wi, wi, wi'.

Rhyw ddiwrnod roedd y tri mochyn bach yn cael sgwrs
A d'wedodd y mwya' o'r tri:
"Mi ddylem bob amser drio dweud 'soch, soch',
Mae'n fabïaidd iawn dweud 'wi, wi, wi'."

Aeth y tri mochyn bach yn dena' fel crydd,
Truenus oedd golwg y tri;
Y tri oedd yn trio dweud 'soch, soch, soch',
A gwrthod yn lân dweud 'wi, wi'.

A dyna drueni aeth y moch bach yn sâl,
A marw a wnaeth y tri;
Y tri fu yn trio dweud 'soch, soch, soch',
Ni fedrant yn awr ddweud 'wi, wi'.

Mae 'na wers yn y stori am y tri mochyn bach,
Gwers bwysig, O! Coeliwch ni;
O! Peidiwch da chi â dweud 'soch, soch, soch',
Pan ddylech chi ddweud 'wi, wi, wi'.

Un o fy mrodyr i

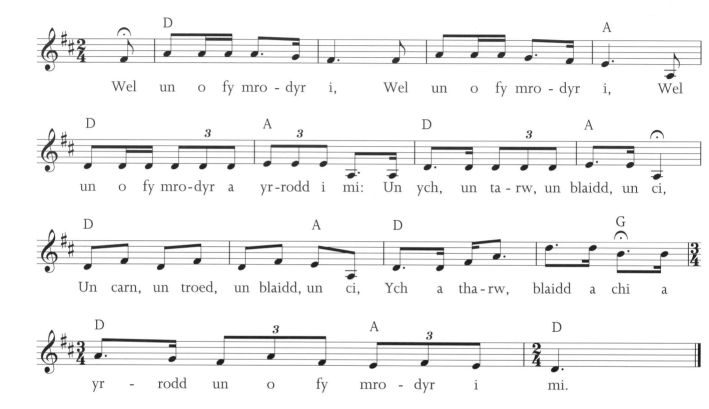

Wel un o fy mro - dyr i, Wel un o fy mro - dyr i, Wel

un o fy mro-dyr a yr-rodd i mi: Un ych, un ta - rw, un blaidd, un ci,

Un carn, un troed, un blaidd, un ci, Ych a tha-rw, blaidd a chi a

yr - rodd un o fy mro - dyr i mi.

Wel dau o fy mrodyr i,
Wel dau o fy mrodyr i,
Wel dau o fy mrodyr a yrrodd i mi:
Dau ych, dau darw, dau flaidd, dau gi,
Dau garn, dau droed, dau flaidd dau gi,
Un carn, un troed, un blaidd, un ci,
Ych a tharw, blaidd a chi
    a yrrodd dau o fy mrodyr i mi.

Wel tri o fy mrodyr i,
Wel tri o fy mrodyr i,
Wel tri o fy mrodyr a yrrodd i mi:
Tri ych, tri tharw, tri blaidd, tri chi,
Tri charn, tri throed, tri blaidd tri chi,
Dau garn, dau droed, dau flaidd, dau gi,
Un carn, un troed, un blaidd, un ci,
Ych a tharw, blaidd a chi
    a yrrodd tri o fy mrodyr i mi.

Rydan ni'n tri wedi dysgu rhai caneuon gan Taid a Nain,
caneuon sy'n mynd yn ôl i'r dyddiau pan oedd gan bob teulu bron lond tŷ o blant,
a phawb yn cael llond y lle o hwyl wrth ganu am y gora'.
Dyma ichi un o'r caneuon hynny – camp ichi ganu hon!

Wel pedwar o 'mrodyr i,
Wel pedwar o 'mrodyr i,
Wel pedwar o 'mrodyr a yrrodd i mi:
Pedwar ych, pedwar tarw, pedwar blaidd, pedwar ci,
Pedwar carn, pedwar troed, pedwar blaidd, pedwar ci,
Tri charn, tri throed, tri blaidd, tri chi,
Dau garn, dau droed, dau flaidd, dau gi,
Un carn, un troed, un blaidd, un ci,
Ych a tharw, blaidd a chi a yrrodd pedwar o 'mrodyr i mi.

Wel deg o fy mrodyr i,
Wel deg o fy mrodyr i,
Wel deg o fy mrodyr a yrrodd i mi:
Deg ych, deg tarw, deg blaidd, deg ci,
Deg carn, deg troed, deg blaidd, deg ci,
Naw carn, naw troed, naw blaidd, naw ci,
Wyth carn, wyth troed, wyth blaidd, wyth ci,
Saith carn, saith troed, saith blaidd, saith ci,
Chwech carn, chwech troed, chwech blaidd, chwech ci,
Pump carn, pump troed, pump blaidd, pump ci,
Pedwar carn, pedwar troed, pedwar blaidd, pedwar ci,
Tri charn, tri throed, tri blaidd, tri chi,
Dau garn, dau droed, dau flaidd, dau gi,
Un carn, un troed, un blaidd, un ci,
Ych a tharw, blaidd a chi a yrrodd deg o fy mrodyr i mi.

Wel, mae pob diwrnod yn dirwyn i ben, a'r haul yn hel ei draed am y gorwel acw, a'r gân y byddwn ni'n tri yn ei chanu wrth hwylio am y gwely ydi'r gân sy'n sôn am holl anifeiliaid y goedwig, a phob creadur arall, yn mynd i gysgu, wedi blino'n lân ar ddiwedd y dydd. Pawb ond y gwdihŵ wrth gwrs!

Nos da ichi gyd, ac fe welwn ni chi eto yn y bora. Nos da!

Nos da nawr

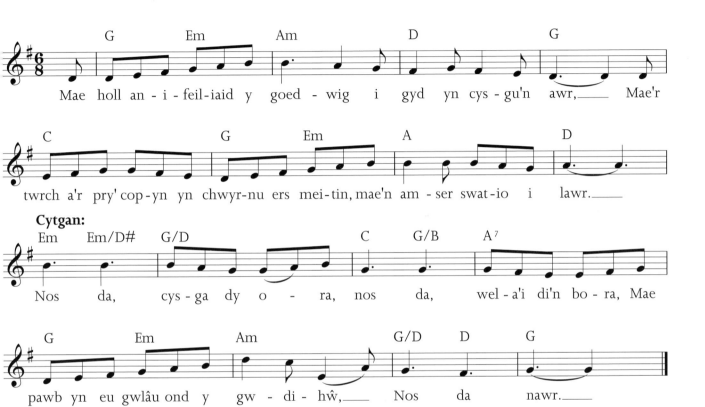

Cytgan:

Mae'r wiwer fel pêl wedi'i lapio
Yn ei chynffon fawr,
A babi'r llygodan yn glyd yn ei choban,
Mae'n amser swatio i lawr.

Mae'r arth fach yn llonydd
A'i phen ar obennydd hyd y wawr,
A'r ceirw a'r lamas 'di gwisgo'u pyjamas,
Mae'n amser swatio i lawr.